Fábio Sgroi

Ser humano es...

Declaración Universal de los Derechos Humanos para los niños y las niñas

Traducción: Juan Fernando Merino

PANAMERICANA
EDITORIAL
Colombia • México • Perú

Sgroi, Fábio
    Ser humano es… : Declaración Universal de los Derechos Humanos
para los niños y las niñas /autor e ilustrador Fábio Sgroi ; traducción
Juan Fernando Merino. -- Editor Julián Acosta Riveros. -- Bogotá :
Panamericana Editorial, 2021.
    52 páginas : ilustraciones ; 28 cm. -- (Cómic Panamericana)
    Título original : Ser humano é… Declaraçao Universal dos Direitos
Humanos para crianças
    ISBN 978-958-30-6219-3
    1. Derechos del niño 2. Derechos humanos 3. Niños - Aspectos
sociales 4. Derecho de familia 5. Libros ilustrados para niños I. Merino,
Juan Fernando, traductor II, Acosta Riveros, Julián, editor III. Tít. IV.
Serie.
I323.4 cd 22 ed.

Primera edición en Panamericana Editorial Ltda.,
enero de 2021
Texto e ilustraciones © Fábio Sgroi
Publicado originalmente en 2018 bajo el título
"Ser humano é… Declaração universal dos
direitos humanos para crianças" por Editora
do Brasil, Sao Paulo, Brazil.
© 2020 Panamericana Editorial Ltda.
Calle 12 No. 34-30, Tel. : (57 1) 3649000
www. panamericanaeditorial. com
Tienda virtual: www.panamericana.com.co
Bogotá D. C., Colombia

Editor
Panamericana Editorial Ltda.
Edición
Julian Acosta Riveros
Traducción
Juan Fernando Merino
Diagramación
Jairo Toro R.

ISBN 978-958-30-6219-3

Impreso por Panamericana Formas e Impresos S. A.
Calle 65 No. 95-28, Tels. : (57 1) 4302110 / 4300355.
Bogotá D. C., Colombia
Quien solo actúa como impresor.
Impreso en Colombia - Printed in Colombia

Queremos vivir para la felicidad del prójimo
y no para su infortunio.

Charles Chaplin

Humano

1. Individuo dotado de inteligencia y lenguaje articulado, perteneciente a la especie humana.

2. Bondadoso; que es compasivo, benévolo, comprensivo. *Se mostró humano.*

Ser humano es...

Artículos 1.º y 2.º

Todos los seres humanos nacen libres e iguales en dignidad y en derechos, sin distinción alguna de raza, color, sexo, lengua, religión, opinión, nacionalidad, clase social o de cualquier otra condición.

Nacer libre, recibir amor y tener abrigo
en una casa con vecinos y amigos.

Jugar en un jardín sin rejas y sin portones.

Nada de cachetadas, coscorrones o prisiones.

Tomar, con un abrazo largo

un beso apretado

o un apretón de manos.

Artículo 3.º

Todas las personas tienen derecho a la vida, a la libertad y a la seguridad.

Ser personas, lo que no puede ser vendido ni comprado.
Querer ser dueño de otro ¡está errado!

Se nace persona, con documentos
(o incluso sin ellos, no importa,
¡son personas y con eso ya está dicho!)
¿Y si no se pone atención a esto?

¡TIENE QUE SER DENUNCIADO!

Artículo 4.º

Nadie podrá ser tenido como esclavo; la esclavitud, bajo cualquier forma, ¡está prohibida!

Actuar bien y actuar ~~mar~~ mal.
A final de cuentas, nadie es perfecto,
todo en la vida es aprendizaje.

Pero es preciso tener cuidado:
¡actuar mal no es lo mismo que actuar de manera DIFERENTE!
Es algo feo desear que todo el mundo
piense igual que uno.

Artículo 5.º

Ninguna persona puede ser tratada de
manera cruel, inhumana o degradante.

Asumir tus errores y tratar de enmendarlos.

Upa, ¿y si alguien fuera acusado?

Es preciso tener cuidado:

solo se es culpable si se prueba.

Artículo 7.º

Todos son iguales
ante la ley.

Guardar un secreto debajo de la cama y otro en la gaveta,

lejos de la gente murmuradora o fisgona.

Artículo 12.º

Nadie podrá sufrir intromisiones arbitrarias
en su vida privada o en su casa.

Montar en bicicleta hasta el otro lado del mundo.

¿Pasear, quedarse o solo ir y regresar?

¡Lo mismo da! ¡El mundo entero es mi lugar!

Artículo 13.

Toda persona tiene derecho a circular libremente y a elegir un sitio para vivir. También tiene derecho a salir de su país y a regresar cuando quiera.

Ser alemán, brasileño, chino, dominicano, español, finlandés... zimbabueño...
Ser también japoafricano, italoinglés, angloalemán y brasi-sur-afronoruezimbabuanicano.

Artículo 15.º

Toda persona tiene derecho a tener una nacionalidad, y si quisiera o necesitara, a cambiarla.

Amar y ser amado,
tener derecho a elegir entre quedarse juntos
o s-e-p-a-r-a-d-o-s.

Artículo 16.º

Un matrimonio solo puede ser celebrado con el libre y pleno consentimiento de la pareja, con derechos iguales para ambos.

Tener un pedazo de tierra para vivir y para plantar.
Creer y profesar, pero también escuchar y respetar.

Artículo 17.º

Todo el mundo tiene derecho a tener una propiedad y nadie puede ser obligado a dejarla.

Artículo 18.º

Toda persona tiene derecho a pensar libremente y a tener una religión.

Tener ideas y opinar.

Moverse, participar.

También es posible cambiar de idea,

¡solo no se vale no pensar!

Artículo 21.º

Las personas tienen derecho a elegir
a sus representantes por medio de
elecciones celebradas periódicamente
y de manera honesta, universal,
igualitaria y con voto secreto.

Preparar la tierra, sembrar y cosechar.
Después, sentarse en la sombra,
¡descansar y comer!,
¡ñam, ñam, ñam!

Artículo 23.º

Toda persona tiene derecho a trabajar en la profesión que elija y a ganar una remuneración justa, que le permita tener una vida digna, sin miseria. Las personas también tienen derecho a contar con una seguridad social y a fundar sindicatos para defender sus intereses, o bien afiliarse a ellos.

Estudiar para conocer y conocerse.

Igual a un árbol, crecer y fructificar.

Apreciar el arte y practicarlo: reír, llorar, bailar...

Soltarse, sentir y expresarse.

Artículo 26.º

Toda persona tiene derecho a una educación de calidad, universal y gratuita, al menos la correspondiente a la educación primaria fundamental.

Artículo 27.º

Toda persona tiene derecho a participar libremente en la vida cultural, en las artes y en el progreso científico de la comunidad.

Recibir lo que te corresponde y también hacer tu parte.

En eso, ¡todos somos iguales!

Ser humano es nuestro derecho, pero también nuestro deber.

Artículo 29.º

Toda persona tiene deberes para con la comunidad, en lo que respecta a los derechos y las libertades de los otros, a fin de buscar el bienestar colectivo.

¿Qué es la Declaración Universal de los Derechos Humanos?

Declaración Universal de los Derechos Humanos, 10 de diciembre de 1948.

La Declaración Universal de los Derechos Humanos (DUDH) es uno de los documentos básicos de la Organización de las Naciones Unidas (ONU), organismo internacional que agrupa en la actualidad a 193 países. En ella se enumeran 30 artículos que presentan los derechos básicos de todos los seres humanos, tales como el derecho a la vida, a la libertad, a la libre expresión de ideas y opiniones, a la educación y la salud, entre muchos otros.

El objetivo de estos derechos es promover una vida digna para todos, independientemente de nacionalidad, raza, color, sexo u orientación sexual, política y religiosa. Estos derechos se denominan "fundamentales", porque son inherentes a todos los seres humanos, es decir, nadie necesita recibirlos de alguien ni de ninguna institución porque todos nacemos con ellos. A pesar de esto, millones de personas en todo el mundo son víctimas de explotación, abusos, humillaciones y discriminaciones.

Por tanto, conocer y compartir este importante documento es un buen comienzo para que intentemos, juntos, cambiar esta triste realidad.

¿Cuándo y cómo surgió la Declaración?

La DUDH fue elaborada por representantes de diversas naciones y proclamada por la Asamblea General de las Naciones Unidas, en París, el 10 de diciembre de 1948.

El principal motivo que llevó a su proclamación fue el intento de buscar la paz entre las naciones. Varias de ellas acababan de salir de una terrible guerra, la Segunda Guerra Mundial, que había provocado mucha destrucción y había dejado a millones de personas muertas, heridas y hambrientas.

Las ideas que dieron origen a los derechos fundamentales enumerados en la DUDH, no obstante, son bien anteriores a su firma y se desarrollaron, especialmente, durante la Ilustración, un movimiento intelectual y filosófico que, extendido por Europa durante el siglo XVIII, defendió ideales como

Los derechos presentes en la declaración son anhelos comunes a todas las naciones y pueblos. La educación es una de las principales herramientas para la construcción y garantía de esos derechos.

FatCamera/iStockphoto.com

la libertad, el progreso y la tolerancia. En algunos países, incluso hubo otras declaraciones anteriores a esta, como la Declaración de los Derechos, de 1689, en Inglaterra, la Declaración de los Derechos del Hombre y de Ciudadano, en Francia, en 1789, y la Carta de Derechos de 1791, en los Estados Unidos.

FatCamera/iStockphoto.com

¿Para qué sirve?

Los principios contenidos en la DUDH tienen como objetivo inspirar y orientar no solo el comportamiento de las personas, sino principalmente las políticas públicas y la formulación de leyes en los países que la firmaron.

La declaración fue elaborada, sobre todo, para definir el significado de los términos "libertades fundamentales" y "derechos humanos", principios que deben ser obligatoriamente reconocidos por todos los países miembros de la ONU. Por ese motivo, la DUDH es el documento más importante de las Naciones Unidas, y se utiliza internacionalmente en la defensa de los derechos humanos como medio para presionar a los gobiernos que violen sus artículos para que brinden mejores condiciones de vida a su población.

Para ver la declaración completa, visita: <https://www.ohchr.org/EN/UDHR/Documents/UDHR_Translations/spn.pdf>.

Fábio Sgroi

Arquivo pessoal

Nací y crecí en Sao Paulo, y desde pequeño me ha gustado leer, escribir y dibujar. Ya he ilustrado libros de varios escritores y también he escrito algunos. Decidí crear el libro ***Ser humano es...*** para informar a los niños, de una manera sencilla y, quién sabe, un poco poética, cuáles son los derechos de todo ser humano y cómo funcionan. Como los adultos parecemos no entender (o pretendemos no entender, vaya uno a saber) la importancia de poner en práctica cosas tan básicas e indispensables como la tolerancia, la libertad, el respeto y la dignidad para poder vivir en comunidad, un deseo que es al mismo tiempo una invitación a reflexionar juntos.

La primera versión de este texto se lanzó en 2009. Desde entonces, lamentablemente, muchos problemas relacionados con la violación de los derechos humanos se han agravado no solo en Brasil sino en el mundo entero, de modo que al verme ante una oportunidad de rehacer el libro en 2018, sentí la necesidad de revisar texto y dibujos, con el fin de actualizar la manera de abordar las reflexiones. Siendo así, esta versión es una obra prácticamente nueva. Espero, de todo corazón, que ella colabore para que podamos repensar muchas de nuestras actitudes y construir un futuro mejor para TODOS, sin ninguna excepción.

Ah, hice las ilustraciones con tinta *gouache* y acuarela, pero tuve un poco de ayuda: las imágenes que está dibujando el niño en las páginas 44 y 45 son obra de mi hijo Vitor, de 7 años.

Seguramente has oído que algo o alguien es "legal". ¿Pero sabes de dónde proviene esta expresión? **Legal** es una palabra que, en su sentido original, indica que algo está dentro de la ley. Es extraño decir que un amigo o un amigo está "dentro de la ley", ¿verdad? Pero, si pensamos un poco en el asunto, nos daremos cuenta de lo importante que es afirmar que todo ser humano es legal.

La ley tiene un objetivo: proteger los derechos humanos. Desde el momento en que la gente empezó a escribir las leyes, las sociedades han pasado a discutir lo que es correcto y lo que no lo es... Hoy tenemos garantizados los derechos humanos en una declaración internacional que ha inspirado a la ley brasileña y de otros países.

Es importante decir que no es necesario hacer o dejar de hacer algo para que se protejan nuestros derechos humanos: basta estar vivo.

Fíjate, dije "basta estar vivo" para ser protegido por la ley, lo que significa que hombre o mujer; niño, adulto o anciano; de cualquier color de piel o que practique cualquier religión; con un diploma o sin estudios, todo ser humano tiene derecho a ser protegido ante la ley. Esta funciona como un punto brillante que nos guía, revela la existencia de las cosas y cuestiona su significado. Es muy importante compartir este conocimiento porque todos debemos defender las leyes que hacen más justa nuestra sociedad, de la misma manera en que debemos cambiar aquellas que no den valor a la vida humana. ¿Difícil de entender?

Parece difícil, pero no lo es. Miremos a los niños. Desde muy pequeño, cada uno necesita afecto.

Querer estar bien es natural en el ser humano. Un niño no quiere maltratar a nadie porque no desea eso para sí mismo. Presta atención a los niños en el parque: comparten juguetes, corren juntos, hacen nuevas amistades, comparten sus alimentos y hasta pelean, pero pronto se arreglan, pues todos saben que jugar juntos es mucho mejor que hacerlo solos.

Con este libro, Fábio Sgroi nos ayuda a entender lo que es natural para la niñez: cada ser humano es genial y merece ser tratado con respeto, amor, cariño y cuidado.

Gracias a un texto agradable de leer y de fácil comprensión, con ilustraciones que exponen una amplia diversidad, **Ser humano es...** se muestra como un manual divertido, un almanaque para aprender vivir bien. Un libro para llevar en el bolso, en la maleta o debajo del brazo; para inspirar una conversación con amigos acerca de la vida. Creo que es un interruptor para encender una luz que ilumine nuestra mente, lo que es ideal para mejorar la capacidad de relacionarnos con los otros a partir de cultivar nuestro amor propio. Después de todo, ¡cada ser humano es genial!

PENÉLOPE MARTINS *es escritora, narradora, bloguera y articuladora de proyectos que promueven la palabra escrita y oral. Licenciada en Derecho por la Facultad de Derecho de Sao Bernardo do Campo, cuenta con un posgrado en Derechos Humanos por PUC-Campinas, con una investigación de la aplicación del derecho en la vida familiar. Desde 2006 se ha dedicado a la formación de nuevos lectores, produciendo contenidos para encuentros personales y en plataformas digitales.*